A Reflective Journal Of Lists

cover photo by Catherine Geneil Struck

Listing is an innovative form of journaling to be used for pleasure, personal reflection and growth. To derive the most from *Listing*, work on one at a time. Write your thoughts down quickly as they come to mind. Don't worry if you don't come up with ten items. Some topics will take more thought than others. The purpose for ten items is to stimulate your thinking beyond the first few automatic responses. You'll often find your truest feelings are revealed toward the end of your list. Set the list aside but continue to reflect on it throughout the day.

Use the "Reflections" page to answer questions such as:

- Is there significance to the order of my list?
- Am I surprised by what came to mind?
- What might I add or delete if I did the list a second time?

There are no lines on the "Reflections" page. This is to allow for sketching if you desire – another great form of journaling.

Listing is not just for personal use. It is a great communication tool for your family. Choose a topic to do together, discussing which items to include and why; or have each family member form their own list and then discuss the similarities and differences. You'll gain great insight into your family members as you see the lists they form and listen to their explanations.

Listing is also a great conversation tool when entertaining. Choose a thought-provoking topic and then encourage your guests to discuss the items on their lists.

The real purpose of *Listing*, however, is to offer a fresh approach to journaling, inspire those who want to journal but don't know where to start and to entice non-journalers to give it a try.

Enjoy!

Section One: Insights

৪০৫৪

Section Two: Feelings

৪০৫৪

Section Three: Family

৪০৫৪

Section Four: Favorites

✾INSIGHTS✾

Ten Life Defining Moments

1. _____

2. _____

3. _____

4. _____

5. _____

6. _____

7. _____

8. _____

9. _____

10. _____

ജ്ഞ

Reflections

Ten People Who've Impacted My Life

1. _____

2. _____

3. _____

4. _____

5. _____

6. _____

7. _____

8. _____

9. _____

10. _____

෪෬

Reflections

Ten Things I'm Proud Of

1. _____

2. _____

3. _____

4. _____

5. _____

6. _____

7. _____

8. _____

9. _____

10. _____

છી૭ભ્

Reflections

Ten Things I'd Like To Change

1. _____

2. _____

3. _____

4. _____

5. _____

6. _____

7. _____

8. _____

9. _____

10. _____

ক০৩

Reflections

Ten Things I Hope Never Change

1. _____

2. _____

3. _____

4. _____

5. _____

6. _____

7. _____

8. _____

9. _____

10. _____

ഇൻ

Reflections

Ten Things I Want Most Out Of Life

1. _____

2. _____

3. _____

4. _____

5. _____

6. _____

7. _____

8. _____

9. _____

10. _____

ℰᏩᏓ

Reflections

Ten Things I Dream About Doing

1. _____

2. _____

3. _____

4. _____

5. _____

6. _____

7. _____

8. _____

9. _____

10. _____

෨෬

Reflections

Ten Goals I've Met

1. _____

2. _____

3. _____

4. _____

5. _____

6. _____

7. _____

8. _____

9. _____

10. _____

ℰℭ

Reflections

Ten Goals I've Not Yet Met

1. _____

2. _____

3. _____

4. _____

5. _____

6. _____

7. _____

8. _____

9. _____

10. _____

∽∞≪

Reflections

Ten Things I Need Courage To Do

1. _____

2. _____

3. _____

4. _____

5. _____

6. _____

7. _____

8. _____

9. _____

10. _____

ഇൻ൞

Reflections

Ten Things Important To Me

1. _____

2. _____

3. _____

4. _____

5. _____

6. _____

7. _____

8. _____

9. _____

10. _____

ℰᏅᏟℛ

Reflections

Ten Not So Important Things That Take Up My Time

1. _____

2. _____

3. _____

4. _____

5. _____

6. _____

7. _____

8. _____

9. _____

10. _____

ഇൽ

Reflections

Ten Lessons I've Learned

1. _____

2. _____

3. _____

4. _____

5. _____

6. _____

7. _____

8. _____

9. _____

10. _____

෯෬

Reflections

Ten Of My Strengths

1. _____

2. _____

3. _____

4. _____

5. _____

6. _____

7. _____

8. _____

9. _____

10. _____

ၷၩ

Reflections

Ten Of My Weaknesses

1. _____

2. _____

3. _____

4. _____

5. _____

6. _____

7. _____

8. _____

9. _____

10. _____

ॐ

Reflections

Ten Things I'd Like Said At My Funeral

1. _____

2. _____

3. _____

4. _____

5. _____

6. _____

7. _____

8. _____

9. _____

10. _____

 හ෴ශ

Reflections

Ten Things That Don't Make Sense To Me

1. _____

2. _____

3. _____

4. _____

5. _____

6. _____

7. _____

8. _____

9. _____

10. _____

෯෬

Reflections

Ten Great Answers To Prayer

1. _____

2. _____

3. _____

4. _____

5. _____

6. _____

7. _____

8. _____

9. _____

10. _____

ജ⌇ര

Reflections

Ten Reasons I Believe In God

1. _____

2. _____

3. _____

4. _____

5. _____

6. _____

7. _____

8. _____

9. _____

10. _____

෪෬

Reflections

Ten Questions I'd Like To Ask God

1. _____

2. _____

3. _____

4. _____

5. _____

6. _____

7. _____

8. _____

9. _____

10. _____

෨෬

Reflections

Ten Good Things To Remember

1. _____

2. _____

3. _____

4. _____

5. _____

6. _____

7. _____

8. _____

9. _____

10. _____

൞

Reflections

FEELINGS

Ten Things That Make Me Laugh

1. _____

2. _____

3. _____

4. _____

5. _____

6. _____

7. _____

8. _____

9. _____

10. _____

ഇരുള

Reflections

Ten Things That Break My Heart

1. _____

2. _____

3. _____

4. _____

5. _____

6. _____

7. _____

8. _____

9. _____

10. _____

৪৩০৫

Reflections

Ten Things I Love

1. _____

2. _____

3. _____

4. _____

5. _____

6. _____

7. _____

8. _____

9. _____

10. _____

৪৩

Reflections

Ten Things I Hate

1. _____

2. _____

3. _____

4. _____

5. _____

6. _____

7. _____

8. _____

9. _____

10. _____

 howdy

Reflections

Ten Things That Make Me Feel Secure

1. _____

2. _____

3. _____

4. _____

5. _____

6. _____

7. _____

8. _____

9. _____

10. _____

ෂ෬

Reflections

Ten Things That Make Me Feel Insecure

1. _____

2. _____

3. _____

4. _____

5. _____

6. _____

7. _____

8. _____

9. _____

10. _____

෮෬

Reflections

Ten Things That Relax Me

1. _____

2. _____

3. _____

4. _____

5. _____

6. _____

7. _____

8. _____

9. _____

10. _____

ജ൱

Reflections

Ten Things That Cause Me Stress

1. _____

2. _____

3. _____

4. _____

5. _____

6. _____

7. _____

8. _____

9. _____

10. _____

ΣΟΩ

Reflections

Ten Things That Make Me Feel Hope

1. _____

2. _____

3. _____

4. _____

5. _____

6. _____

7. _____

8. _____

9. _____

10. _____

৪০৫৪

Reflections

Ten Things That Make Me Feel Despair

1. _____

2. _____

3. _____

4. _____

5. _____

6. _____

7. _____

8. _____

9. _____

10. _____

৪০৫৪

Reflections

Ten Things That Make Me Feel Cherished

1. _____

2. _____

3. _____

4. _____

5. _____

6. _____

7. _____

8. _____

9. _____

10. _____

ଓଔ

Reflections

Ten Things That Make Me Feel Insignificant

1. _____

2. _____

3. _____

4. _____

5. _____

6. _____

7. _____

8. _____

9. _____

10. _____

৪০০৪

Reflections

Ten Things That Excite Me

1. _____

2. _____

3. _____

4. _____

5. _____

6. _____

7. _____

8. _____

9. _____

10. _____

෩෪

Reflections

Ten Things That Depress Me

1. _____

2. _____

3. _____

4. _____

5. _____

6. _____

7. _____

8. _____

9. _____

10. _____

৪০৫৪

Reflections

Ten Things That Amaze Me

1. _____

2. _____

3. _____

4. _____

5. _____

6. _____

7. _____

8. _____

9. _____

10. _____

ಬಿ೦ಚ

Reflections

∞FAMILY∞

Ten Key Childhood Memories

1. _____

2. _____

3. _____

4. _____

5. _____

6. _____

7. _____

8. _____

9. _____

10. _____

ೞೞ

Reflections

Ten Memories of My Siblings

1. _____

2. _____

3. _____

4. _____

5. _____

6. _____

7. _____

8. _____

9. _____

10. _____

ಐಂಃ

Reflections

Ten Memories of My Parents

1. _____

2. _____

3. _____

4. _____

5. _____

6. _____

7. _____

8. _____

9. _____

10. _____

ഉ⊂ര

Reflections

Ten Memories Of My Grandparents

1. _____

2. _____

3. _____

4. _____

5. _____

6. _____

7. _____

8. _____

9. _____

10. _____

ജ‌രു

Reflections

Ten Ways I'm Like My Parents

1. _____

2. _____

3. _____

4. _____

5. _____

6. _____

7. _____

8. _____

9. _____

10. _____

ജ‍ℭ

Reflections

Ten Ways I'm Different From My Parents

1. _____

2. _____

3. _____

4. _____

5. _____

6. _____

7. _____

8. _____

9. _____

10. _____

෨ඥ

Reflections

Ten Things I Learned From My Parents

1. _____

2. _____

3. _____

4. _____

5. _____

6. _____

7. _____

8. _____

9. _____

10. _____

&CR

Reflections

Ten Things I Never Told My Parents

1. _____

2. _____

3. _____

4. _____

5. _____

6. _____

7. _____

8. _____

9. _____

10. _____

ℰᏆᏟℛ

Reflections

Ten Things I Like About My Family

1. _____

2. _____

3. _____

4. _____

5. _____

6. _____

7. _____

8. _____

9. _____

10. _____

ജ‍ര

Reflections

Ten Ways I Drive My Family Crazy

1. _____

2. _____

3. _____

4. _____

5. _____

6. _____

7. _____

8. _____

9. _____

10. _____

ഓരു

Reflections

Ten Things I Want My Kids To Know

1. _____

2. _____

3. _____

4. _____

5. _____

6. _____

7. _____

8. _____

9. _____

10. _____

෫෬

Reflections

FAVORITES

Ten Favorite Places

1. _____

2. _____

3. _____

4. _____

5. _____

6. _____

7. _____

8. _____

9. _____

10. _____

಄ಣ

Reflections

Ten Favorite Possessions

1. _____

2. _____

3. _____

4. _____

5. _____

6. _____

7. _____

8. _____

9. _____

10. _____

ജൈൟ

Reflections

Ten Favorite Compliments I've Received

1. _____

2. _____

3. _____

4. _____

5. _____

6. _____

7. _____

8. _____

9. _____

10. _____

෨෪

Reflections

Ten Favorite Sights

1. _____

2. _____

3. _____

4. _____

5. _____

6. _____

7. _____

8. _____

9. _____

10. _____

৪০৫৪

Reflections

Ten Favorite People

1. _____

2. _____

3. _____

4. _____

5. _____

6. _____

7. _____

8. _____

9. _____

10. _____

ෂ෬

Reflections

Ten Favorite Sounds

1. _____

2. _____

3. _____

4. _____

5. _____

6. _____

7. _____

8. _____

9. _____

10. _____

ഇരു

Reflections

Ten Favorite Ways To Be Surprised

1. _____

2. _____

3. _____

4. _____

5. _____

6. _____

7. _____

8. _____

9. _____

10. _____

ଧ୦ଔ

Reflections

Ten Favorite Feelings

1. _____

2. _____

3. _____

4. _____

5. _____

6. _____

7. _____

8. _____

9. _____

10. _____

෪ఴ

Reflections

Ten Favorite Memories

1. _____

2. _____

3. _____

4. _____

5. _____

6. _____

7. _____

8. _____

9. _____

10. _____

ೞಚಿ

Reflections

Ten Favorite Gifts I've Received

1. _____

2. _____

3. _____

4. _____

5. _____

6. _____

7. _____

8. _____

9. _____

10. _____

ೇೂೇ

Reflections

Ten Favorite Ways To Spend Money

1. _____

2. _____

3. _____

4. _____

5. _____

6. _____

7. _____

8. _____

9. _____

10. _____

෨෬

Reflections

Ten Favorite Thoughts

1. _____

2. _____

3. _____

4. _____

5. _____

6. _____

7. _____

8. _____

9. _____

10. _____

ଛଔଔ

Reflections

Ten Favorite Smells

1. _____

2. _____

3. _____

4. _____

5. _____

6. _____

7. _____

8. _____

9. _____

10. _____

෬෬

Reflections

Ten Favorite Ways To Spend My Time

1. _____

2. _____

3. _____

4. _____

5. _____

6. _____

7. _____

8. _____

9. _____

10. _____

෯ඖ

Reflections